사랑은 빗줄기에 머물며

유평선 사진시집

시와사람

유평선 사진시집

사랑은 빗줄기에 머물며

2025년 10월 15일 인쇄
2025년 10월 20일 발행

지은이 | 유 평 선
펴낸이 | 강 경 호
발행처 | 도서출판 시와사람
등   록 | 1994년 6월 10일 제 05-01-0155호
주   소 | 광주시 동구 양림로119번길 21-1(학동)
전   화 | (062)224-5319
E-mail | jcapoet@hanmail.net

ISBN 978-89-5665-792-9 03810

값 15,000원

* 잘못된 책은 구입하신 서점에서 바꾸어 드립니다.
* 이 책은 한국예술인복지재단 예술활동준비지원사업
  일부지원으로 제작되었습니다.

공급처 ■ 한국출판협동조합
경기도 파주시 적성면 적성산단3로 10 (적성일반산업단지 내)
주문전화 (02)716-5616, 070-7119-1740

사랑은 빗줄기에 머물며

Ⓒ 유평선, 2025
이 책의 저작권에 의해 보호를 받는 저작물이므로
출판사와 저자의 허락 없이 무단 전재와 복제를 금합니다.

시인의 말

자연의 색깔로
표현하고 싶은 삶의 길을
뒤돌아 보며
세월이 묻힌 아름다운 길섶
글로나마 사랑하고
사계절의 희로애락을
함께 어우러져
맛보며 주워가며
담아두었던 글들을
즐기며
풍요로운 삶을
함께 나누고 싶습니다.

2025.
금형 유평선

사랑은 빗줄기에 머물며/ 차례

시인의 말 · 5

제1부 내 얼굴이 빛이 되어

내 얼굴이 빛이 되어 —— 12
보랏빛 저녁노을 —— 14
노년은 잠시 —— 16
꽃 중년을 넘어서 —— 18
아름다운 세월처럼 —— 19
노을빛 —— 21
아름다운 봄날 —— 22
지금이 청춘인가 —— 24
손수레 —— 25
가을의 여인 —— 27
가을 사랑 —— 28
시월을 보내면서 —— 30
풍광은 잠들다 —— 31
길 잃은 청춘 —— 33
늙음의 유언장을 —— 34
그대 향기 아름답소 —— 35
사랑은 빗줄기에 머물며 —— 37

푸른 바다를 베고 —— 38

제2부 봄날의 여정

봄날의 연정 —— 40
함께 걸어온 세월 —— 41
지나온 날들 —— 42
그리운 연가 —— 44
그리움 —— 46
그리운 만남 —— 48
빛나는 별 하나 —— 50
낭만의 풍경소리 —— 51
칠월의 장맛비 —— 53
꽃신처럼 살아온 삶 —— 54
밤에 길도 고와라 —— 57
사랑할래요 —— 58
내 인생의 길목 —— 59
나그네 되어 —— 60
임의 그리움 —— 61

그대 입술 꽃이 피네 —— 62
눈빛은 날개를 달다 —— 63
여백 —— 65
가을을 마시며 —— 66
그리운 임이여 —— 68

제3부 향수의 봄

향수의 봄 —— 70
봄을 담아 그대에게 —— 71
비슬산 진달래꽃 —— 72
홍매화 —— 74
아침의 방문객 —— 75
겨울 햇살 —— 76
달빛 쏟아지고 —— 78
낭만의 길 —— 79
수국꽃 —— 80
소박한 풀꽃 —— 82
자연은 날개를 달아 —— 83
자연은 사랑으로 꽃피우리 —— 84
시월이여 —— 86

비밀의 세월 —— 87
풍경 소리 —— 89
변산 마실길 —— 90
가을로 오는 길 —— 92
겨울꽃 —— 94

제4부 아침의 풍경

아침의 풍경 —— 98
한라산 겨울길 —— 99
선운사 꽃무릇 —— 100
무등산아 —— 102
여수 돌산바다 —— 103
서리꽃 새아침 —— 104
드들강의 숨소리 —— 106
윤슬 위의 풀꽃 —— 107
무등산의 숨소리 —— 109
하늘 마당 —— 110
커피 향에 마음을 열어 —— 111
설레는 새해 —— 112
가을날 —— 114

봄날은 햇살 아래서 —— 116
해처럼 달처럼 —— 118
내게도 봄은 오련가 —— 120
나 여기에 왔다 —— 122
그곳에 서 있으니 —— 123
가을비 —— 124
길목에 보이는 찻집 —— 127

제1부

내 얼굴이 빛이 되어

내 얼굴이 빛이 되어

바람이 한줄기 내게 다가와
맑은 잎새에 입술을 그려
내 얼굴에 별꽃이 되네

굽이굽이 골목길
세월의 흔적들
길섶에 풀꽃들은 햇살에 향기

반짝이는 눈빛은 마음의 웃음소리
방황하는 뭉게구름 이리 오라
대문 밖 노크소리 들리지 않고
산후통을 겪은 세월의 흔적들

그리움에 붓대를 잡아
낭만의 한주름
양철지붕 빗소리 노를 젓고
세월의 흔적들이 열매가 되어

보랏빛 저녁노을

파란 하늘 구름 한둥지
몽골몽골 굴러와
그리웠던 풋사랑
어렴풋이 스쳐간 추억들

감미로웠던 사랑도
희미해져

창밖에 연한 빗소리
접어둔 마음 익어가고

모락모락 피어오른
찻잔의 향기
입술을 적시며

메아리의 울림은
마음을 뉘이고

연주하며 걸어온 발걸음
스렁스렁 연극처럼 살아온 삶
기울어진 노을빛

한올 한올 풀어헤쳐
물들어가는 보랏빛
한 폭의 그림이요

어깨에 둘러메니
여운을 마음에 담다

노년은 잠시

여인의 중얼거리는 기도소리
슬퍼하지 마시오

당신을 볼 수 있어 행복하오

살아가는 삶은
시련을 견디며
내일을 기다립니다

여기까지 높고 낮은 산들
훌륭한 존재입니다

새순이 잎이 되어 당신의 그늘에서
붉은 노을 업고 여행 하렵니다

꽃 중년을 넘어서

꽃향기 바람이 품은 날
만개한 백발머리
나이테는 뜰 안에 꽃밭을 만들고

돌담길 한줄 한줄
탑을 쌓아 낙원을 만드니

인연을 맺은 순간들이
동그라미를 그리며
장식장이 되어간다

우리들의 보물은
삶의 무게를
조금씩 비워가며

영원은 마르지 않고
실타래처럼 맺은 인연

삶의 흔적들 너울거리며
내 마음 따라 흘러가리

아름다운 세월처럼

달보드레한
낮달 울어예니

흔들리는 구름아
도도한 아름다움의 쉼터

신록의 향기 속에 마음을 담고
꽃망울 설레임 벗겨내니

바위틈 사이 울림
가냘픈 진달래꽃 맑은 영혼

강둑에 둘레길 맑은 물 흐르고
꽃물결 사랑에 행로

새들은 낙원에서 박자를 맞추며
꽃편지 누구에게 띄울까?

일렁이는 낭만의 순례자
빛깔의 청춘이여.....

노을빛

노을 옆에 서성이는
반짝이는 큰 별 하나

청춘은 잡을 수 없고
무겁게 세월 따라
가는 발걸음

달빛 속에 고운 여인
옷자락 여미며
찻사발에 넋두리 담아

뱃고동 소리
춤을 추고 기러기
파도소리 벗을 삼아

장작불에 몸을 녹여
노랫가락 던져보니
이 한 세월
등대불에 기대보리오

아름다운 봄날

봄햇살에 기대어
피어난 고운 꽃잎
이슬 머금고

연둣빛 잎새에
꽃잎으로 글을 새겨
꽃과 내 마음을 열어가며

은빛 물결 넉넉함
향기에 삶을 움켜잡고

뚜벅뚜벅 돌부리에 부딪히며
자연은 내 마음을 어루만지는
소복이 쌓이는
사랑의 무한변신

하늘이시여
내 영혼 분홍빛
광주리에 머무르니
당신의 마음을 담으리요

지금이 청춘인가

발길 지나는 길마다
꽃들이 넘실거리며
한 줌의 햇살 따라
수줍은 꽃

뉘인 땅 위에 붙은
은은한 꽃들의 애완함
낭만의 로맨스로 부여잡고

지금이 청춘인가
멀리 저무는 노을은
별 밭들의 반짝임

초청장 쏟아지며
수놓은 은하수 파노라마

자연의 수줍음
하늘의 찬란함
지금이 청춘인가

손수레

참새 떼
쉴새 없이
수다를 떤다

햇살 따라
아름답게 빛나는 노년
벚나무 옆 허름한 벤치에
기대어 본다

폐지 한가득
수레를 끄는 노인
버거운 발걸음

한숨 허공에 떠돌아
지폐 몇 장
무겁고 허름한 인생이여

가을의 여인

비어가는 삶 속에
삶의 지침을 깨우며

고독과 외로움은
생동감을 불어넣고

늙어감도 맛보니
인생은 풀초처럼
스쳐가는 것을

어디서 온 바람일까
낙엽 떨구어 노적봉
산천의 울림이여

바위틈 사이
소나무 부여잡고

계곡물 그리움에
낙엽 안고 배 띄우네

가을 사랑

물안개 안고 오는 가을
하늘이 열어주고
덧칠하는 인생길
이슬 눈물 머금다

만삭의 산야
파란만장 다 겪어
홍엽으로 물들이고

이름 없는 낙엽들
세상 밖에 기쁨 주니

힘든 여정 쉼을 하며
익어가는 내 모습 훔쳐본다
낙엽으로 성을 쌓아
비단이불 만들어

내 마음에 덮어주니
보는 눈 외롭지 않아

시월을 보내면서

시월의 끝자락
산모롱이
단풍잎 물들어

벼랑길 계곡물
흐르는 소리
초라한 풀잎에
서리꽃 피워

햇살은 조심스레
아쉬움을 만지며

보드라운 사랑으로
품어주려
내 곁에 빛을 뿌려주네

풍광은 잠들다

돌아온 세월을 기다리며
감사가 동행하고
떠오르는 태양은 빛을 주고
달과 별은 벗이 되어

지나간 젊음의 아름다움
홍등은 소매 끝에 꽃피니
바람에 웃음소리
고운 잎 안고 성을 쌓아

향기를 뿜어 꿈이런가
겨울은 침묵에 잠들어
달리고픈 세월을 붙잡고
새움필 때 철새 되어
약속하며 마중갈게요

길 잃은 청춘

하얀 머리카락
나이테를 그리며
세월은 바람에 익어

아름다운 추억들은
서서히 희미해져

자연의 설레임도
익어가는 길목

낙엽 바스락거리는 속삭임
비단옷으로 성을 쌓네

늙음의 유언장을

노년의 길목은
고목나무처럼 버티며

헤아릴 수 없는 일들이
스쳐 지나간다

내가 짊어진 우정의 일들
아름다운 보석은
유언장에 마음을 품고

도도한 마음은
씨앗으로 물들일 것이다

그대 향기 아름답소

햇살 담은 해아리
하늘 풍경 아름답다

한여름 태양의 열기는
그늘 속에 식어가리

기약없이 바라보는
창밖의 풍경은 평화로워

세월 고인 눈물
잡은 손 꼭 잡고

눈물에 취하고
말에 취하고

늙어버린 인생길
대아에 발을 담궈

허망한 삶의 길
서럽다 하지 마오

사랑은 빗줄기에 머물며

마음에 숨겨진 아름다움
꿈꾸는 길목에서
사랑의 빗줄기
친구처럼 다가온다

격식없이 하늘을 열어주고
여유로운 삶 마음을 품어주니

자연에서 푸르름을 움트게 하고
빗줄기는 풀밭 위에
진주를 달아주다

풀잎들의 너그러운
고뇌와 힘듦

울림이 섞인 빗줄기
빗줄기에 지워진 아름다운 길목
꽃비가 내린다

푸른 바다를 베고

따사로운 햇살 맞으며
파도는 바다를 베고
갈매기 떼들 훨훨
푸른 녹음에 걸터앉아

여유로운 보랏빛 노을
쟁반에 담아볼까
밤하늘은 아름다워

쏟아지는 별빛들
새벽 돛단배 바닷물 머리에 괴고
나뭇잎 사이 아침 햇살 보듬어

시원한 바람 맞으며
갈대처럼 흔들린 마음
자연에서 얻은 선물
하늘빛 마음에 싹이 트다

제2부

봄날의 연정

봄날의 연정

연둣빛 잎새
새 옷 입어 단장하고

보라색 오동나무 꽃봉오리
내 안에 힘을 주고

살랑이는 연한 바람
그리움은 나의 영혼
당신의 향기 속에 허덕이며

기약없는 날들
파아란 하늘 아래
아지랑이는 아롱거리는데
당신은 침상에서 무얼 생각하오

함께 걸어온 세월

못 잊어
우리 숨쉬며

함께 할 때
많이 사랑하고

향기에 취해
에덴동산에 함께 하며

부활의 꽃을 피워
해와 달을 보듬고

주님의 품안에
입맞춤 하며

달빛 아래서
속삭이세

지나온 날들

허리 굽은 날들
어쩌다가
풋사랑도 잊은 채

묵은 고목이 되어버린 날들
바람도 벤취에 앉아
풀멍에 허공을 날다

보리피리 불며
종이비행기
하늘로 날리던 그날들

꽃반지 손가락 다독다독
꽃팔찌 묶어주던 그날

그대의 발자국 소리
귀 기울이며
속울음 삭히니

백합꽃 한 아름 묻어오는
식을 줄 모르는 그대 가슴
그대의 사랑인가

그리운 연가

풋내기 시집 와
허둥대던 날들

어머니 저고리 섶에
아기손 꽃피우고

여우비 내리던 날
처마 끝에 빗물 받아
고운손 비비대며

목마른 사슴처럼
자연에서 사각사각

찬서리로 물든 낙엽
아침이슬 몸을 닦아
바가지에 웃음소리
세월 빚어 그리운 생명수

분홍빛 사랑으로
맑은 영혼
하늘에서 씨 뿌리네

그리움

아침 햇살
핑크빛 물들어
외로움 삼켜버리고

당신 품에 안기어
길 모롱이 흙담 넘어
꽃봉오리 방긋 웃고

툇마루 걸터 앉아
문창살에
창호지 옷을 입혀

꽃잎 따다 꽃수 놓고
빨간 꽈리 입에 물고

조릿대 한 아름
복조리에 달을 담아
동동주 한 사발

구름 한 조각 싹뚝 잘라
덕담으로 글을 새겨
별빛이 쏟아지는 밤
맑은 영혼 드리우네

그리운 만남

저무는 세월
곡선을 그리다 직선을 그리며
맑은 기억의 파도 소리

영혼은 주름살만큼 스며들고
살아가는 삶의 흔적

지팡이가 꽃씨가 되어
은행나무 가로수 길
묵묵한 뒷모습 구름의 순례길

힘찬 발걸음 어디에다 걸어두고
허공에다 숨겨둔 보금자리

세월의 흔적으로 수고한 보물
삶의 씨앗이 넘실대며

마음에 가둬둔 옛 생각
흘러간 세월에 사랑이런가

바람은 옷자락을 붙잡고
그대의 사랑이
빛과 소금이 되길
희망의 노을빛 온누리에

빛나는 별 하나

걸어가는 삶 속에 잘 익은 바람에 밀려와
푸른 생명들이 너울거리고

빛바랜 추억들
백합꽃 향기에 설레임도
희미해져 잠이 들고

한오라기 사랑을
마음에 심어
그리운 옛생각 등에 업고

찻잔에 고독을 담아
반짝이는 별 하나
보라색 엽서에 띄워볼까

낭만의 풍경소리

홍매화 하얀 매화
춘삼월 고운 바람꽃

머리에 꽃 비녀 없고
맺어진 우리의 사랑이여

볼을 스쳐 향기로운 꽃잎이여
허기진 구름 안고

치맛자락 안기며
햇살은 안부를 묻고

송월송월 꽃피운 내 임이여
산호랑나비 달달한 미소

마법의 꽃들이여 늪에서 깨어나
잊어질까 서럽구나

칠월의 장맛비

바람 불어
잿빛 구름 하늘을 덮고

후두둑 후두둑
떨어지는 빗방울

무슨 사연 담아 왔을까요
새들은 비단옷 젖을라
둥지 속에 잠재우고
옥수수 잎 한들한들
글 한자락 쟁반에 담아

그 사랑도 내 사랑도
떨어지는 빗방울
두 손 모아 담아 보렵니다

꽃신처럼 살아온 삶

버선코 앞세우고
꽃향기 바람에 퍼지며

꽃이 피는 길목에 숨소리
몽올몽올 꽃봉오리
수줍은 미소

활짝 핀 꽃숭어리
거미줄에 수 새겨
아름다움 펼치니

가는 임 멈춰 서성이었던가

광활한 하늘 햇살
머물며 놀자더니
꽃잎 떨구어
아름다움도 잠시

임이시여 주름진 손등
뽀송뽀송한 그대 얼굴
상처 입을라 마음시리오

밤에 길도 고와라

붉게 물든 저녁노을
저물어 가는 이별인가
내 맘 속에 그리움은 싹이 트고

무거운 달빛에
뜰안을 만들어
어둠 속에 향기로움
늪에서 잠이 들었나

그리움은 고독을 품고
토해내는 파도소리

반딧불 반짝거리니
바닷물 휘저어
하늘까지 퍼지며

아련한 미소
여유로운 속삭임
그대의 정이런가

사랑할래요

아름다워라
숨겨진 내 마음 비워볼까요

바람에 무지개색
구름 한 조각 가져갈까요

내 마음 심을래요
예쁜 꽃 피워볼래요

고운 머릿결 맑은 눈동자
고운 입술

사랑할까요
좋아할까요

예쁜 손 내밀어봐요
꽃반지 끼워줄게요
꽃바람 타고
두 손 잡고 춤을 춰봐요

내 인생의 길목

내일의 소망을 그리며
백지장에 하늘을 펼친다

무지개를 타고
햇살을 보듬어
바라보는 구름 한 송이

마음도 발걸음도 무겁다
조그만한 침대
붙잡고 있는 그 사람

반짝이는 별빛은
마음을 덮어주고

일렁이는 달덩어리
등대가 되어
버스에 기대어 본다

나그네 되어

하늘은 파랗고
담장 너머 장미는
웃고 있는데
사랑이여

있어야 할 자리에
그대는 어디 있소

임의 그리움

공허한 마음
붙잡고

분홍빛
가로등 불빛 따라

마음 담아주지 못하고
마음을 태우며

창가에 앉아
이슬을 태우다

그대 입술 꽃이 피네

그대 입술 꽃이 피니
꽃보러 왔소

푸른 하늘 아래서
모두가 덤인 것을

풀잎 냄새 외로움을 씻겨주고
멍멍한 가슴앓이 뭉그러져
삶에서 시가 되어

더운 바람 삼킨 눈물
승강장에서 멍 때릴 때
당신과 나
정결한 울타리가 되어가세

눈빛은 날개를 달다

그대 힘들고
다리에 통증을 느낄 때

독백에 눈물
냉랭한 철새여

썰렁한 침대 하나
심장은 멈출 듯

마음은 숨어들어
무엇 하나 건져볼까요

여백

한 공간에서
버거운 일도 있지만
지워버릴 수 없는 일

나는 당신께로
다가가지만
조금씩 멀어져가고만 있다

이러한 공간들을
어떻게 채워야 할지

겨울은 깊어지고
꽃피는 봄날이 오면

당신의 가슴에 물들어
향기있는 들꽃처럼 꽃피우리

가을을 마시며

눈가에 머무는
계절의 향기
가을에 자연을 보면

내가 뭘 할까
행복은 어디서 찾을까

산국도 향기를 내뿜으며
산야에 메아리
찬바람에 울어예고
숙절없이 갈증에 허덕일 때

세월에 묻힌 날들을
창공에 날려버려
애틋한 마음 보듬어

구름 한 둥지에 떠돌며
내 마음 따라
햇덩어리 앉은 자리

그대가 좋아서
그대를 사랑해서
여기까지 왔노라

그리운 임이여

옛사랑 임이시여
달 끌어다 사랑 담고

그리움에 노를 저어
가시 돋듯 던진 말들
남의 허물 묻지 마소

물사발에 눈물 짓고
곱디고운 밤하늘
문고리에 걸어놓고

미소 짓던 임의 얼굴
찬바람 스쳐갈까

허무한 마음
뒤돌아보니
그리움만 쌓이네

제3부

향수의 봄

향수의 봄

둥지 안의
활짝 핀 예쁜 꽃

속삭이는 봄날
눈부시게 아름다워

꿈꾸는 사월이여
화사한 꽃잎마다

새색시방 꽃 피워
어둠 속의 별빛은

문풍지 사이 엿보며
꽃잎 품은 꽃편지

문고리에 안부를 묻고
행복은 샘물처럼 솟는다

봄을 담아 그대에게

고갯마루
푸른 잎 사이
햇살 터트리니

바람 업고 나들이
신비로운 동산이여

폭우가 쏟아져도
새움 돋고 꽃이 피니

먹장구름 지나가도
천사처럼 아름다워

비슬산 진달래꽃

청명한 하늘
푸른 산 꽃물 들어
치마폭에 꽃수 놓고

어여뻐라
꽃분홍 진달래꽃

하얀 구름 고운 바람
몽글몽글 뭉게구름
봄 햇살 한 자락에
꽃향기 자연을 담아

생명수 샘터가 되어
여유로운 인생길이여

홍매화

햇살 따뜻한
사랑은 변함없이 다가오다

꽃샘 추위에도
겨울과 봄을 즐기며

홍매화 몽실몽실
브릿지로 가슴에 달아

속옷으로 꽃을 피워
봄향기 업고 노닐세

아침의 방문객

눈부신 햇살은 아침의 방문객
꽃구름 위에 숨바꼭질

대지의 속살 드러내
변함없는 하루

마음을 훔쳐
달콤한 향기 맛보며

달빛에 잠이 든 초록잎
방울방울 맺힌

아침이슬 떨구고
잊지 못할 감미로움

희미한 그림자
분홍빛으로 치장하다

겨울 햇살

제 할 일을 마치고
고운 잎 떨구며
우뚝 서 있는 나목들

겨울은 이유없이 찾아와
외로운 감정을 삼키며

짧아진 햇살은
꽃마차에 달려가고

스산한 찬바람
움켜잡은 마음을
어지럽게 흔들며

조용한 숨소리
마음 한 줌 담아

고갯마루 언덕에
들녘을 바라보니
물오름 접어두고
겨울잠을 자고 있네

달빛 쏟아지고

산허리 휘어감아
서리꽃 피고

물들어가는 잎새에
잔잔한 안개 마음을 덮고
메아리의 울림이
산야를 덮어

등객들은 자연을 맛보며
언덕 위의 일몰
낮달은 희미해져
고난을 위로하며

찬바람 안주 삼아
지구의 별천지
여기인가 하노라

낭만의 길

비바람아 불지 마라
꽃잎 떨어지고
고개 숙일라

초록잎 뒹굴어
새들이 노닐던 둥지 속
비샐까 걱정이다

구름 한 조각
싹뚝 잘라
덮어줄까 하노라

수국꽃

꽃숭어리 탐스러워
계곡을 울타리 삼아

옷고름 동여매고
햇빛이 머무는 자리

꼭꼭 숨었다가
많은 꽃들 꽃비 내리고

이 자리에
순결함을 지키네

소박한 풀꽃

길섶에 풀향기
발자취에 꽃은 피고

흙냄새 향긋함
들꽃도 좋아라

금실 좋은 잡초들
기도하며 묵상하네

자연은 날개를 달아

살갗 여미는 봄바람 숨을 고르고
곱게 단장한 그리운 모습
얼어붙은 땅을 꿈틀거리며

세상 밖 소리에 환한 얼굴
따사로운 햇살에
바다 위를 달리며

파도 소리 주워 담아
환한 얼굴 시심을 심어

고독과 그리움은 합가하여
사랑으로 성을 쌓아
필사에 불밝히니

은구슬에 윤슬은 숨을 고르고
발등에 비단모래 업고 놀아
푸른 하늘 훨훨 배웅하며
노을은 내려앉아 날개를 펼친다

자연은 사랑으로 꽃피우리

푸른 생명들이 너울거리고
잘 숙성된 바람소리

새소리 가득한 숲속
가냘픈 코스모스 미소 짓고
풀벌레 풀향기에 취해
입놀림 바쁘네요

터질 것 같은 푸른 하늘
뭉게구름 여행을 즐기며

무명천 한오라기
석양빛에 옷을 입혀
쏟아지는 노을길
조심조심 노닐다 가렵니다

시월이여

시월의 끝자락
산모롱이
단풍잎 물들어

벼랑길 계곡물
흐르는 소리
초라한 풀잎에
서리꽃 피워

햇살은 조심스레
아쉬움을 만지듯

보드라운 사랑으로
품어주려
내 곁에 빛으로
다가온다

비밀의 세월

세월은 돌고 돌아
사연 담아 물들인

반체원 나눠가며
글밭을 초잎에 물어보고

내가 머무는 자리
꽃밭이어라

봄꽃은 빨리 왔다
빨리 가는 손님

토닥토닥 안아주며
송골송골 이슬방울

대빗자루 썰매타며
시심을 심어본다

풍경 소리

평화로운 계절
햇살은 잠이 들고

구름 아래 언덕 위에
붉게 물들어가는 산딸기

밤꽃 향기
코끝을 스치며

산야에 예쁜 새
축제의 파노라마

높은 우주 속의
황소의 풍경소리

미소 짓는 노을빛이
애처로워

변산 마실길

외로운 망초꽃
샤스타 데이지
구름 위에 떠돌며

잡초 속에
들녘이나 산비탈 황무지에
순례자로 피는 꽃이여

소박하게 음율을 터트려
애절한 하얀꽃
찰싹거리는
파도 소리 잠이 들고

반짝이는 수많은
별들의 하늘나라

풀벌레 울음소리
타양 땅에 자리 잡은
가냘프게 핀 몸부림이여

가을로 오는 길

바람은 숨을 쉬며
볼을 스친다

이글이글한 햇덩이
뒹구는 구름 송이꽃

두툼한 사랑에
허기진 시간들

자연에서 시를 담아
무한변신 마음에 담다

겨울꽃

낭만의 숲길
푸르름은 잠이 들어

소복소복 천사들의 하얀꽃

마른 풀잎 지는 꽃잎
외면 당한 허허로움
순백으로 꽃피었네

여백 속에 이탈했던 푸르름
산새들은 날개를 펴
낭랑한 메아리 소리

흘러가는 계곡물 진주되어
애틋함이 밀려오네

제4부

아침의 풍경

아침의 풍경

묵상으로 고개 숙여
하루를 열고

숨 고르는 시간
초점을 따라가는 향로

햇살 깨워
창가에 기대어
몽그작몽그작거리는
베개머리 속삭임

꽃비 내려
실비 줄기타고
솜털 같은 눈송이
휘날려도

그리움이 꽃이 피어
꼬랑물에 얼굴을
그려본다

한라산 겨울길

뱃고동 소리
한라산을 등에 업고

하늘 마당
파란 하늘
파도 소리 웅장함

가로수 길 보라
순백의 옷으로 치장하고

노적봉 쌓아
장엄한 한라산

하얀 눈꽃 꽃비 내려
백지장에 살며시
아쉬움 떨굴까

선운사 꽃무릇

선운사 계곡을 따라
바윗돌 쳐다보며

꽃들의 온기를 느끼며
갈바람이 몰고 온
작가들의 발걸음

눈물비를 적시며
듬직한 꽃대 세워
초록 잎 숨겨놓고

붉은 노을처럼
홀수로 붉게 피어
기다림 견뎌내며
사랑을 쏟아부어

선운사의 하얀 구름
오고 가는 길손들
은혜로운 길이로다

무등산아

산아 무등산아
능선이 좋아
가을바람 타고 오니

떡갈나무 바삭거리는 소리
다람쥐는 햇살로 키운
열매를 줍게 하고

하얀 억새꽃 만발하니
웃음을 보게 하고

목적없이 헤맨 구름처럼
잔주름 여울지니

산아 무등산아
아름다운 능선길을
화폭에 담아
해님에게 걸어볼까나

여수 돌산바다

새생명 속삭거리는
달콤한 바다 향기

돌산섬의 하룻밤
잔잔한 곡조를 띄워
물밀 듯 사랑은 자유롭고

구김살 없는 발자국
나룻배 한 척
길을 열어 노를 젓고

물결에 한 줌 잠재워

가둬진 작음 섬들의
불빛들은 꽃을 피우고
갈매기 떼들은 날개를 훨훨

주름진 바다 물결 따라
희망의 삶을
바닷물 한 줌 삼킬까

서리꽃 새아침

산등성을 솟아오른 햇덩어리
서리꽃 하얗게 물들이고

소원부터 두 손 모아 기도하고
훈훈한 어미향기

산등성에 묶어놓고
잔주름 깊어지는 세월
가슴에 새겨둔 숨은 숨결

모아둔 인연은 실타래에
매달려 얽히고 설키면서
햇덩어리 안은 깊은 마음

천사처럼 깊고 진한
겸손함에
내어놓고 전하고 싶어

노을빛 올 때까지
아쉬운 그리움
맑은 영혼 기다리나

드들강의 숨소리

소나무숲 솔 향기
바람이 피워내고

희미해진 옛날 생각
힘찬 물줄기
생명의 움을 터

엄마야 누나야
강변 살자

모래밭에 노닐던
삶의 흔적에 숨길

드들강의 숨소리
달빛은 강물에 내려앉아
영혼은 눈을 뜨다

윤슬 위의 풀꽃

풀꽃 하나 가슴에 달고
밤하늘의 별과 노래하며

밝은 달 스쳐가는 저 구름은
어디로 갈까

산을 넘고 바다를 건너
윤슬 위의 풀꽃은 마음을 사로잡아

수줍은 엷은 미소 흔들리며
군더더기 없는 아침이슬

바람은 토닥토닥
볼에 스치는 이슬방울
꽃피는 손수건은 피어오르다

무등산의 숨소리

무등산의 숨소리
겹겹이 쌓인 푸른 능선
햇덩어리 솟아 오르고

새들은 그늘 속에 푸른 녹음
나무들은 숨을 고르고
솜털구름 붓대를 잡는다

달궈진 바윗돌
누구를 기다리나

가냘픈 억새꽃 사이
풀벌레 소리 다롱다롱
허기진 배 간지러워
머루 한 줌 주워먹고

무등의 산야 잠재워
빌딩 사이 노을빛
은하수길 내어주다

하늘 마당

소박한 삶 속에
소박한 안부를 묻고

파도가 빚어낸
넓은 물살과 바위

고운 모래는 역사를 만들며
침묵의 발자국 소리

하늘은
바다에게 안부를 전하고

비내리는 바다는
물고기 떼들 제 짝을 찾아주며

사랑의 굶주림은
웃음에 화살이 되어간다

커피 향에 마음을 열어

찻사발에 커피향
겨울 찬바람 녹이고

찻잔 속의 마음꽃 피워내며
햇살 주워 담아

노을길 숨소리
바닷바람 마시며

무명실 한올한올 걸어볼까
꿈꾸던 콧노래 흥얼흥얼 담아보세

설레는 새해

붉은 빛이 솟아오른다
바람은 구름을 몰고

한페이지 한 장 한 장
넘겨본다
열두 달에 맑은 영혼
따뜻한 기운을 담아

강바람 맞으며
구름 사이로 쏟아진 햇살

낭만의 삶 속에
태양처럼 빛나고

달과 반짝이는 별들의
기운을 담아
평화로운 소망을 품고

운무는 날개를 달아
묵은 때 씻겨내고

까치는 작은 꽃씨 입에 물고
먹장구름 꽃봉오리
세월 담아 호사롭다

가을날

석양길 저물어
산처럼 스산한 골짜기에

고운 옷 물들어
굴러가는 낙엽은
어디로 가는 걸까

구절초 향기
세상만사 맛보며
머리끈 동여맨
어머님이 사랑인가

많은 사연 가슴에 담아
아름다운 사랑은
어머님의 향기인가

초생달 베개 삼아
흘려보낸 세월들
묶어놓을까 합니다

봄날은 햇살 아래서

봉우리 터트려
활짝 핀 벚꽃은 흔들리고

볼연지 어루만지면
봄바람에 훌훌 날려버릴

만삭의 세월
사계절을 맛보게 하는 순간들
영원한 것은 그리움 뿐

정결한 돌담길 돌고돌아
옛적 조상들의 집터

봉숭아꽃 물들이고
사립문에 까치는
좋은 소식 걸어놓고

또랑물 흐르니
피라미들 거울 속에 비춰

잔잔한 풀꽃
설레이게 하는가
이봄 싹뚝 잘라
토방 위에 멍석을 펼쳐볼까

해처럼 달처럼

따사로운 햇살은
구름 사이 숨바꼭질 하고

밤에 달은 붉은 구름
꽃피우며

반짝이는 별들은
들놀이에 취하고

파란 하늘 머리에 괴니
땅을 비추어

무슨 소원 걸어놓을까
작은 마음 내려놓고

달빛 그림자에
사랑의 말을 전하오

내게도 봄은 오련가

작아지는 마음 안고
morning welcome! 굿모닝 웰컴
사백십사 호
병실문을 조심스럽게 들어간다

안녕하세요

침대 위에 환자복 한 벌
누워있는 갈구한 눈빛
그대 모습 처량하다

바쁘게 움직이는 수간호사
간병인 김여사 이여사

힘없이 부르는 목소리
짓물린 숨소리 절망 속에서
등 뒤에 허무한 세월을 붙잡는다

따뜻한 손길을 기다리며
환자들의 아쉬움 없이
찔레꽃 향기처럼 다가간 수간호사
마음 속에 고마움을 심는다

허공에 허무함
흔들리는 심장
그대 갈길 멈춰 있다

나 여기에 왔다

가을 골짜기
숨어있는 고운 잎들

사랑은 울림을 주고
황혼의 아름다움
아낌없이 부어주는
가을 햇살 맑은 바람

창공을 날고
곧은 심지 지워버려
빈 가슴 채워주는
축복의 생수련가

속살 드러낸 푸른 하늘
달콤하고 짭잘한

내 인생의 행운이
여기까지 왔나

그곳에 서 있으니

하늘 아래
구름 아래

땅을 비추어
햇살 담은 해아리

설화 속에 꽃이 피고
겹겹이 쌓인 구름 사이

붉은 햇살
새어 나온다

가을비

초가을을 붙잡고
가을비가 내린다

나뭇잎 따라 빗소리는
또 다른 소리로
장단 맞추며

가을의 쓸쓸함
바람의 스산함을
늘 이렇듯이
계절에 외로움은
이방인처럼 찾아오고

마음 한구석에
생명의 숨소리
따뜻한 그림으로

붉은 햇덩어리
떠오를 것이다

길목에 보이는 찻집

가을의 늪에서
꿈을 열어주고
상처 받은 육신을
더듬어 주며

우리의 삶을
아름다운 성품으로
안개 속을 벗겨주고

생동하는 풍요로움
길목에서 흘러 나오는
향기로운 차내음

빛바랜 낙엽 밟으며
찻집으로 발길을 옮겨
자축하며
마음을 열어본다